育児の成功 2

山岸道子

■ 目次

ななみブックレット　No.12

第一章　絵本と子ども

第1節　優れた育児書としての絵本

❶「楽しい」が身に付く、「面白い」がいい

『育児の成功1』でお伝えした中で、「絵本」が子育てに大変有効であることはご理解いただけたと思います。

なぜなら、

●絵本は、子どもたちが読んで「楽しい！」のです。

●子どもに「わかる」のです。

子どもは「大きくなりたい」のです。その気持ちは相当深いのです。「いくつ？」「3歳！」のうれしそうなこと。「そう！　お兄ちゃんになったのね、赤ちゃんじゃないのね」と言った時の、それはそれはうれしそうな表情！　これこそが、幼児が「大きくなるために頑張る」原点です。

●絵本は、親にとっての育児書です。

絵本は、自分の子どもと向き合っている時は、真剣なあまり気づくことのできない子どもの心や、考え方、発達の姿を教えてくれます。特に「育児で困っていること」(たとえばイヤイヤ期など)を描いた絵本からは客観的に子どもの心を知ることができます。

育児書より読みやすく、わかりやすいものも多くあります。具体的な場面での表現ですから参考になることでしょう（章末の「保護者への参考絵本」をご覧ください）。

あふれるばかりの絵本が毎年出版されています。できれば新聞やその他の書評などを読まれてご自身で子どものために何が良いのか考えてください。それがスムーズな育児にも役立ちます。

第2節　絵本への基本的な考え方と分類

絵本にもいろいろと理論があります。読み方のルールやレベルもあるのです。それをお知らせしたいと思います。

1 子どもにとっての絵本の種類

❶ 人生を伝える絵本

親が子どもに伝えたいと思うものは、「人生」を含むものであり、それは、たとえば、芸術（文学・美術・音楽）などのように際立って人生を表現しているものです。

親は親権（虐待しない範囲で子どもへの期待を含めて育てる権利）を持ち、生涯をかけて子どもと深い関係を持ちます(幼い時からの習い事による多少の無理なども許されます)が、保育者(他人が専門職として保育する：保育指針などに基づく範囲）の立場では、保護者へのアドバイスには、十分留意する必要があります。

親の場合は、自分が伝えたいと思う「人生」が表現されている絵本を手掛かりに子どもに伝えることが重要と考え、保育者の場合は、クラスでの課題に関するものなど（子どもたちの争いが「人間関係トレーニング」を超えている場合、「友達って何だろう」と話し合う素材）が選ばれることが多くなります。

❷ 生活の仕方を伝える絵本

乳幼児期は人間として生きていくために必要な多くの生活の仕方（生活習慣）を身に付けることが求められます。絵や映像で見ることで、より分かりやすく親しみをもって学べます。

❸ 空想を広げていく絵本

絵本は、空想・創造を広げていく世界を実感していきます。ここには素晴らしい世界があります。子どもが楽しい思いを繰り広げます。4歳までは空想と現実の区別はつきにくい、したがって「うそをつく」のは4歳以上から（4歳以下の子どもに「うそ」はない）です。

4歳を過ぎると、いわゆるうそと空想や想像の世界で、現実と異なる、または違いがあることがわかるようになります（空想や想像の世界〈芸術性〉、嘘〈相手をだます、ごまかす、など〉）。

親が嘘をついて育てて、嘘をつかない子を育てることはできません（いわゆる「道徳的によくない嘘をつく子」は「嘘をつく親」から学びます）。ただ、空想や想像の世界は「現実とは異なる」、という意味で真実ではないわけで、文学に通ずるときには、許容されるようです（絵本『てぶくろ』『わたしのワンピース』などの擬人化した動物）。

❹ 冒険絵本

「わくわく」「ドキドキ」する絵本は、どの子も大好きです。

❺ 科学的思考を探る絵本

最近、非常に良い絵本が出ています。環境を理解する、なぜそうなの・・・を理解しておくことは大事です。

❻ 軽いノリの楽しい絵本

このような絵本は多いです。子どもは喜ぶので悪くはないですが、これに偏らないで・・・。

❼ ありのままの絵本

0～2歳までは、特に重要です。これは、『くだもの』『どうぶつのおやこ』などのように、できるだけ本物を描いているもののほうが良く、優れたカタログ（例えば、お父さんの背広のカタログ）などもよい教材です。

❽ 子どもが共感する絵本

狭い体験の中でも、体験したことのないものは共感しにくい。

共感しにくいもの（雪、かみなり、など）、共感しやすいもの（お母さん、あかちゃん、自宅で飼っているペットなど）、子どもが自分の内面と共感する絵本（『あかがいちばん』『ちょっとだけ』『ビクビクビクビリー』など）

絵本には作者が子どもたちに向けて贈る、温かな・・・優しい・・・そして本当のことを伝えようとする姿勢があります。

第3節　選び方・与え方

❶ 選　び　方

①　子どもの年齢に合っているもの（絵本の背表紙に書いてあります）。ただ、少し物足り

ないかな・・・少し難しいかな・・・と保護者の方が考えてみてください。

②現在の子どもの生活の中にあったもの（例えば、下の子が生まれた場合はそれに関する本がいいですが、弟妹がいない場合はあまり関心がありません）。

③親が伝えたいメッセージ。親が子どもに行うことの重要なことは「人生を伝える」という事です。自分が伝えたいものが含まれている絵本を選んでください。

④書評などに目を留めて、良い評価の絵本を選ぶといいでしょう。

⑤子どもの言動に課題があったら、それを含めたもの、例えば、「友達と仲良くさせたいな」と思うときは、友達関係の本を心にジーンとするように読みましょう。決して途中で解説したり「健太君は偉いね・・・」など、余計なことはいわずに、そのまま子どもの心に届けましょう。子どもは「感じます」。それでいいのです。「ともだち」を表現したものは多くあります。

⑥3歳を過ぎたら自分で選ぶものも半分は入れましょう（例えば図書館で借りる場合）。

⑦何事もそうですが、子育ても「・・・が良い」とされていても絶対にそれでなければならない・・・と厳密にしないことです。あまりよくない絵本でも、一時的な「遊び」はそれなりに意味があります。

⑧3歳過ぎたら一緒に図書館に行くのは大変よいことです。よい絵本が選んで置いてありますので・・・基本的に7割よい本を選んでいれば心配はいりません。

2 与え方

よいストーリーテーラーとしての読み手（効果的な読み方）になることが大切です。

①絵本は芸術性を持つものです。

②芸術は、その伝えられ方で感動が大きく異なります。

③読み手・伝え手（ストーリーテーラー）は「演者」です。

ですから「絵本を読む人」も優れた演者になるための努力が必要です。そのために、

●読もうとする絵本のねらいなど、作者の意図を十分に理解できていること

●その作品を、読み手が好きで子どもに伝えたいと思うこと

●十分に（できれば数回声を出して読んで）練習して子どもの前に・・・

●テンポ、抑揚など、演者としての工夫をする

●絵本は、一字一句作者が熟考した作品であることを理解し、文章を変えないこと、付け加えないこと、間違えないことが大切です。文章を変えてしまえば、「その本」ではなくなります。

④優れた朗読を聞く習慣を持つ。ラジオ・舞台など、大人としての自分自身の体験の場を持たれると良いですし、ご自身も楽しいかもしれません。

⑤もっと知りたくなった方は、「東京子ども図書館　読み聞かせ　研修など（ネット）」もあります。

3 具体的には

1 読み聞かせの時間

子どもにはできたら1日15分くらい読んであげましょう（短い絵本の場合は2～3冊、4～5歳児用の長い絵本は1冊程度で結構です）。例えば、保育園児の場合、日中長くママと離れているので、帰宅したらあれこれ家事をされたいでしょうが、ほんの10分でも5分でも、まず、お膝にのせてぎゅっと抱きしめて1冊、ゆっくりと読んであげてください。ママと離れてさみしかったことも、友達との悔しかったことも、スーッと消えてストレスが残りません。

2 読み聞かせのポイント

絵本は内容の理解や感動と共に親子の関係をよくします。

① そばに引き寄せて、抱っこして（スキンシップを取りながら）

② パパ、ママの優しい声で、丁寧に・・・。

③ 読んでいる途中や読み終わってから余計な言葉を付け加えないことが重要です。ただ、子どもが質問したり、生活の絵本のような場合は、多少の付け加えはよいでしょう。絵本は「文学につながる芸術的価値のあるもの」です。作者は一字表現するために長い時間をかけます。親が余計なことを加えると、それも絵本の一部となり、作品の価値を低めていく場合が多いのです。

④ 「字が読める」ことと「絵本の内容がわかる」こととは違います。子どもが自分でたどたどしく読む絵本では、感動は伝わりません。文字を覚えて自分で読みたいときはいい

ですが、「自分で読みなさい」とは言わず、できるだけ読んであげましょう。特に上の子に下の子のために読ませるのはよくありません。たどたどしく読んでいるためです。私たちも「知っている内容」でも「自分で本を読め」ても、劇場で演劇として、映画館で映画の表現として、触れて感動することと同じです。

⑤ 3歳未満の幼児の場合、途中でやめたり自分でめくってしまったりは気にせずに・・・適当にやめて結構です。このような時、あまり厳しく言うと、いつの間にか本が嫌いになってしまいます。私たち大人も、読書していて途中でやめたい時もあります。

⑥ 同じ絵本ばかり読んでほしいという場合、何度でもその本を読んであげましょう。他の絵本もそばにあれば、自然にその絵本に興味が向いてきます。

⑦ 読後にテストをしたり、言い聞かせの教材にすることはやめましょう。絵本は「おしまい」と閉じて子どもに余韻を味わう時間（10秒くらい）を与えてください。

⑧ 最初に絵本の効用に示しました8つの種類からバランスを考えて選びましょう。

⑨ 親がその本をよく理解し、好きであること、評価していることが大切です。

⑩ 間違って読んでしまっては、その絵本ではなくなります。間違わないためにできれば事前に1回は声を出して読んでください。

⑪ 間違えたら、そっと直してください。「間違えてごめんね」などいうと、それも絵本の文章の一部です。子どもの感動は半減します。

⑫ 読む技術として、速度、イントネーション、会話は、声など変えて・・・。

⑬ ストーリーテリングとして、優れた演劇でも練習不足や会場設定で感動は随分違ってしまいます。最高の感動を与えてこそ、その絵本のすべてが子どもの心と頭に入るのです。

第4節 こんなときどうする？

❶ 絵本を見せようとしても自分でどんどんめくったり、他の遊びのほうに行く

① 「絵本は面白いんだな・・・」と思えるのは、ある程度お話の展開が理解でき、「面白い」と思える年齢からです。それは2歳くらいからでしょう。

0、1歳児は「絵だけ見る」が主です。ですから、絵は、①いい表現の絵、②生活の中の絵（これは優れたカタログでもいいのです）、③食品に関する絵（食事メニューに関するもの）もいいでしょう。

本来の絵本は、絵本の字のみをじょうずに読みますが、これらの絵本以前の「絵」では、ママとの会話の教材でいいのです。

② 2歳を過ぎて、適切な絵本を見せても興味を示さない場合、絵本の選び方が年齢より高い場合があります。ページ数が少ないものを選びましょう。

③ 押さえつけて無理に見せてもマイナスだけです。子どもには個々に適切な時期があります。隣の子と同じ月齢でも歩行もおむつの取れ方も異なります。

④ 大事なのは、親が不安をもたずに、少しでも絵本に触っただけでいいと思いましょう。

❷ 絵本を破ったり、投げたりする

その時に「絵本さんが〝痛い痛いって言ってるよ〟」のような擬人化した表現はあまり好ましくありません。擬人化した表現は幼児期に多く、それは感情の寄り添いが可能だからです。でも、いつもどの物体にも可能ということではありません。（少なくとも絵本では）「破ったところ一緒に貼ろうね　次読むとき破れていないほうがいいものね」と言って一緒にセロテープなどで貼ります。「絵本さんが〝痛い痛いって言ってるよ〟」「そんな悪いことすると、おもちゃ買ってあげないよ」などとは言わずに、いつも、叱るときは嘘を交えず、子どもの心にすっと入るように諭すようにしましょう。

第5節　絵本は大切な子育てのサポーター

❶　子どもに見せる絵本

❶『はじめてのおつかい』（筒井頼子作／福音館書店）

5歳くらいになると、一人でおつかいに出してもいい年齢です。

その時の準備として、1か月前から気軽に何となく読む雰囲気で（「今度一人でお使いに行くからね」とは言わずに）、この本を読みます。

この絵本には、おつかいに行くと出合ういろいろなことが書いてあります。主人公の女の子が、途中で様々なことに出合い、やっとお買い物ができて帰るまでの様子が、丁寧に書かれています。

1か月後に「○○ちゃんも、あそこの○○屋さんに一人で行ってみる?」と聞きます。子どもは「おつかい」のイメージが湧いているし、出かけてから帰るまでのストーリーの予測もできるので、「行ってみる！」と言います。

これを、「毎日行っているからわかるだろう」と簡単に考えて、この本でのように練習なしに「○○のお店に行ってらっしゃい。いつも行っているからわかるでしょ」で行かせると、それは大変なストレスになり、それも、のちの問題行動の要因の一つになります。

一方、このような絵本を1か月読んでから実行させると、不安感もストレスもなく、「手ごたえ・充実感・感動」のある子どもの有益な経験となります。ぜひお勧めします。

❷『ノンタンぶらんこのせて』（キヨノサチコ作／偕成社）

「譲ってあげる」「譲ってもらう」がよくわからない年中幼児期には、この絵本は有効です。ブランコに乗っていたら他児が来て「乗せて」と言います。親が「あやねちゃんがブランコに乗りたいんだって・・・さっちゃんはたくさん乗ったから、譲ってあげようね」と言っても、子どもは「まだ、たくさん乗ってない」と思うのです。

その場合、両者共通理解のできる提案をするのが最もいいでしょう。

「数を数える」、これもいいかもしれませんが、「数」を知らない年齢の場合、有効なのは「歌」です。両方が知っている歌、例えば「ぞうさん」などですと、「ぞうさんぞうさん　お鼻が長いのね　そうよ母さんも・・」と歌うと、譲る子も心の準備ができます。また、譲られる子も「もうすぐ自分の番」と予測ができます。そして、たいていの場合はスムーズに交代ができるのです。

その体験のためにも、この絵本を読んでおくと、子どもも「譲ってあげる」「譲ってもらう」がイメージできます。

❸『たろうのともだち』（むらやまけいこ作／福音館書店）

この絵本は、「『ともだち』を家来のようにしていると何かつまらない・・・やっぱり、『ともだち』がいいんだ」と実感させてくれます。

子どもに「お友達を大事にしなさい」「お友達に貸してあげなさい」「お友達と仲良くしなさい」と言うと、子どもは「ぼく、ともだちなんかいらないもん！」と言います。友だちがいいということを絵本が教えてくれます。

❹『しんせつなともだち』（ふあん・いーちゅん作／福音館書店）

この絵本も、「ともだちっていいな」ということを実感させてくれます。山の冬、独居の動物たち・・・寒くてさみしい、一人暮らしでも、この本を読んで「おしまい」と閉じると、2歳以上の子どもたちは「うっとりして　温かいものがこみあげてくる」様子です。このような経験が多いと、「友達と仲良く」が身に付くのです。

❺『はけたよはけたよ』（神沢利子作／偕成社）

これらは、生活習慣「着脱」に役立ちます。絵で見て感じることは、子どもも楽に「パンツはくのはこうすればいいんだ！」と理解できるのです。理解できた子は嬉しそうです。そして、できて褒められるともっと嬉しそうです。

絵本は、絵で見ることができるので、わかりやすいのです。これらが「生活を学ぶ絵本」なのです。

❻『はみがきれっしゃ　しゅっぱつしんこう！』（くぼまちこ著／アリス館）

歯磨きは大事ですが、どの子も嫌がります。お母さんやお父さんとの戦いの時間にもなってしまいます。親子ともどもに苦しむせいか、最近は「歯磨き」をテーマにした絵本も多くなりましたので、参考になさってください。でも、歯磨きには「痛み」を伴う場合があります。またちょっと欲張らないことも大事です。無理すると歯は虫歯にならなくても、心が虫くいます。

一例を挙げましたが、これはほんの一部です。絵本（特に長く読み継がれているもの）には、優れたものがたくさんあります。

特に「人生を伝える絵本」は、親が「こんな子に育ってほしい」「人生にこんな事が大切」と思っていることが描かれている絵本が適切です。親が自分の口で話すことが難しい場合でも、絵本が上手に子どもの心に届くように表現してくれています。

❷ 保護者が育児の参考にする絵本（章末リスト）

絵本は「子ども向け」に作成されたのですが、①作者は十分に愛情を持ったまなざしで子どもを見ています。②子どもの気持ちや発達の姿を十分に知っています。ですから、保護者への「育児書」としても大変優れています。

❶『ちょっとだけ』（瀧村有子作／福音館書店）

この絵本は、最高の育児書です。乳幼児期に最も重要な「愛着形成」がなぜ大切かを実感させてくれます。子どもたちは人生最初の人間関係を、信頼と愛情を持てる人と結びます。それは、大抵は母親ですが、誰でも構いません。最もそばで自分を大切に育ててくれる人です。この人間関係が良い形で結ばれると、その子の人生の人間関係もいい形でつなげることができます。

この絵本は「ママ大好き」と愛着形成が良い形で完了した「なっちゃん」が、下にきょうだいが生まれたときの心情や言動を非常に見事に表現しています。下にきょうだいが生まれることは、子どもにとって何よりつらく苦しく、悲しいことなのです。今まで大好きなママに抱っこされたその胸を、他者に貸さなければならないのです・・・。

大人は「お兄ちゃんになるの！　お姉ちゃんになるの！」と言いますが、本人はそれどころではなく、心穏やかではないのです。

なっちゃんは、そんな心の葛藤とともに生活の不便も感じます。「ママ・・・」と呼んでしてもらっていたことが、してもらいにくくなったのです。でもこの絵本は、なっちゃんが、大好きなママのためにずいぶん我慢しているけなげな様子が上手に表現されています。

本当に我慢していますね。でもママも偉いです。黙って見て、好きなようにさせているのです。失敗してても、黙って・・・。

とうとう、なっちゃんは我慢の限界に来ました。眠くなったとき「ママ、〝ちょっとだけ〟抱っこして・・」とママにおねだりします。ここでのこのママの対応が最高です。やはりよいアタッチメントを形成させただけのことがあります。「ちょっとじゃなくて、いっぱい抱っこしたいのですが、いいですか？」と言います。ここで赤ちゃんに我慢してもらっていっぱいママに抱っこしてもらう・・・。

これでなっちゃんは、「プッンときれずに」今までの我慢がママへの思いやりとしていい形で心の中に残りました。これでなっちゃんは、赤ちゃんをいじめたりせず、たぶんなっちゃんが100歳、赤ちゃんが98歳になるまで仲良し兄弟でいられるのです。学ぶことの多い絵本です。

❷『ねえ　とうさん』（佐野洋子作／小学館）

この絵本も育児書として優れています。

お母さんの言うことを聞かないくまの男の子が主人公です。久しぶりに帰ってきたお父さんに、「ねえ、とうさん〇〇して」と言うと、「ああ　いいよ」と言ってくれるのです。何でもしてくれる、何でもできる（橋も作ってしまいます）お父さんを心から尊敬し、「ダメ」と言われないことにも満足して、いつの間にかお母さんの言うことを聞く子になっているのです。

「だめ」「いけません」「待っててね」を言わない効果が表現された絵本です。

❸『あかが　いちばん』（キャシー・スティンスン作／ほるぷ出版）

この絵本は、「イヤイヤ期」の子どもの心をとてもよく表現しています。これを読むと、大人は随分適当に、子どもに指示をしていることがわかります。反省しますね。

「イヤイヤ期」を大切にすることは「指示待ち人間」に育てないために大事なことなのです。「その子がその子らしく生きていかれる基礎作り」の時期なのです。子どもに「ダメ」と言いたいとき、「この子は　なぜ　こうしているのかな?」と子どもの心の中を覗いてみてください。

【　子育てをする保護者への参考絵本　】

1　保護者の子どもを見る目の参考になる絵本

❶	ちょっとだけ（愛着形成のできている子どもの様子）	瀧村有子著	福音館
❷	あかがいちばん（自我形成中の子ども）	キャシー・スティンスン著	ほるぷ出版
❸	ねえ　とうさん	佐野洋子著	小学館
❹	もじゃもじゃあたまのナナちゃん	神沢利子著	偕成社
❺	おやすみなさいフランシス	ラッセル・ホーバン著	福音館
❻	しんせつなともだち	ふぁん・いーちゅん著	福音館
❼	だいじょうぶだいじょうぶ	いとうひろし著	講談社
❽	いいこってどんなこ？	ジーン・モデシット文	冨山房
❾	しゅくだい	いもとようこ	岩崎書店
❿	くれよんがおれたとき	かさいまり	くもん出版

2　子どもの理解を促す絵本

❶	はじめてのおつかい	筒井頼子著	福音館
❷	ともだち	谷川俊太郎文	玉川大学出版部
❸	しんせつなともだち	ふぁん・いーちゅん作	福音館
❹	こすずめのぼうけん	ルース・エインズワース	福音館
❺	くれよんのくろくん	なかやみわ作	童心社
❻	たろうのともだち	村山桂子作	福音館
❼	子どものマナー図鑑　2（食事のマナー）	峯村良子作	偕成社
❽	むしばいっかのおひっこし	にしもとやすこ	講談社
❾	はみがきれっしゃしゅっぱつしんこう	くぼまちこ	アリス館
❿	おやすみなさいのほん	マーガレット・ワイズ・ブラウン	福音館

3　家族問題を考える絵本

❶	パパは怒り鬼（DV）	グロー・ダーレ著	ひさかたチャイルド社
❷	パパはジョニーっていうんだ（面接交流）	ボー・R・ホルムベルイ作	BL 出版
❸	でも、わたし生きていくわ（両親の死）	コレット・ニース＝マズール作	文渓堂

4　科学の絵本

近年、多くの良い科学の本が出版されています。

第二章　ちょっと手を差し延べたい子どもの「その時」

第1節　子どもの状態

よく「ちょっと気になる子ども」という言葉を聞きます。そして「問題のある子」も・・・。

R・アドラーが「問題児の心理」を書き、「問題児」という言葉が生まれました。そして「非行少年」という言葉も生まれましたが、最近は、それらの言葉が使われません。それは「その子に〝今〟その問題がある」ということで、ラベリングするのは好ましくない、ということになったのです。

その通り！　・・・人間は長い一生の間に「好ましくない状態」の時があるもので、その時に他者からラベリングされて長い間それがついて回ったのでは、立ち直る時期を失ってしまうからなのです。

いい時、不安な時、人間ですから、様々な時があります。ここでは不安な時の子どもにどう手を差し伸べたらよいか・・・を考えたいと思います。

第2節　いくつかの「こと」

❶　指しゃぶり

親になりたてであまりまだ育児知識がないころ・・・「人見知り」に驚きますが・・・でもそれは心配ないこと、むしろ素晴らしい発達の証であることを知りました。

では、指しゃぶりは？　この行為は何らかの子どもの寂しさがきっかけであるのです。

1 原　因

0～2歳までは、何となく指が口に入り、習慣化していくようです。指しゃぶり、ガーゼしゃぶり、そして指が鼻の中にも入っていることもあります。

2歳以降では、何らかの欲求不満が始まりの原因として多いとされています。習慣化している場合、原因がなくなっても習慣だけが残る場合がありますので、早めに原因を見つけることが大事です。ほとんどの場合は、何となくの欲求不満（手持無沙汰）です。

2 対　応

0～2歳児の場合、指しゃぶり、ガーゼしゃぶりなどを無理に止めさせる必要はありませんが、あまりひどい場合や保育所入所などを控えていて気になる場合は、直しておくといいでしょう。

方法として、

① 子どもが起きている時間、母親が付きっきりになれるような、2週間くらいの計画を立てます。

② 準備が整ったら始めます。

③ 方法はただ一つ、子どもに退屈させないことです。この年齢では、母親がついて抱っこしたり、遊んでやれば、指しゃぶりを忘れます。眠くなった時始めますが、それもコトンと寝るまで相手をしていると、指しゃぶり、ガーゼしゃぶりをしません。

④ 2週間たつと、不思議に少し手持無沙汰の瞬間があっても「忘れたように」指しゃぶり

はしません。

⑤　その後は、同様の生活は不可能ですから、ポイントを押さえて育児にあたることです。

⑥　でも、相当ひどい状態などなければ、そこまでする必要はありません。この育児は2週間と言えども母親に相当のストレスがかかり、それもまた別の意味で課題があります。

2歳以上の幼児が指しゃぶり、場合によってはマスターベーションをするようになる時は手持無沙汰やストレスがあるときです。これもすべて、母親が抱っこなどのスキンシップを増やせば簡単にほどほどになっていきます。心を子どもにしっかり向けてみることです。

2 吃　音

吃音は3歳児くらいの男児に多く見られます。原因は、やはりストレスですが、一つは、保護者による体罰を伴う「叱り」です。体罰（ものさしや箒のようなものでぶつのを含め）が繰り返されるときです。この場合、すぐに「ぶつ」行為は皆無にすることです。

次に、3歳児男子の場合はまだ言葉が十分に出せず、心の中の表現が不十分でストレスになっている場合があります。自分の想いと異なる意向を親や保育者が「○○なんだよね」と決めつけて、次の行動に移っていく場合があります。2歳未満の幼児の場合はあまり心の中がはっきりしていませんし、別のことを言われてストレスになるほどではないですし、違う場合は大げさに泣きわめきます。しかし、3歳児の心の中はもっとデリケートなのです。

そして、次のようなことに注意をしましょう。

① ことあるごとに「おりこうね」「大好きよ」という雰囲気で過ごさせること。

② どもったときに、それを言い直させることは逆効果です。どもったときは、そのままで主旨を理解して会話を進めていくことです。

③ 吃音自体はそれほど心配ではありませんが、そのことで友達からからかわれたりすることが回復を遅らせます。

④ 同じ環境でも子どもによって吃音にならない子どももいます。親も自分を責めないで、幼児期のうちに直せるといいですね。

❸ 乱　暴

親によっては男児はかなり乱暴に見えるときもあるでしょうし、上の子が女児の場合、「この子は乱暴」と思えることもあるでしょうが、初めて男児を育てる親は「男の子は相当乱暴に見える」と受け止めて観察してください。

少し筋が通った乱暴は心配ありません。つまり、前日位からのその子が出合った事柄を想起してみると「あのことでイライラしているのかもしれないな・・・」と思うことの見当がついたら心配はいりませんが、少し話を聞いてあげることがいいかもしれません。

「けんちゃん、昨日○○があって、それで少し面白くないの？」

「うん」

「ママに少し話してくれないかな・・・どこがおもしろくないの？」

「うん、あのね、だってね・・・昨日僕が○○したのに、きみちゃんはこうしたんだよ・・・」

そして、十分にその子を受け入れてあげて（受容）、ゆっくり耳を傾け、聞いてあげて（傾聴）、「そうなのね」「それは悔しいね」「いやだったのね」と十分に受け止めて（共感）あげることが必要です。

これで、子どもの気持ちが収まればいいですが、そうでなければ、「悔しい気持ち、どうすればいいと思う？」と聞き、できるだけしたいようにさせてあげることがいいでしょう。ただ「○○ちゃんを殴りたい」といったときは、もう少し時間をかけて、「殴る以外のことないかなあ・・・」と会話を進めたらよいでしょう。

でも、そのような具体的な出来事がないのに、聞いても「ないよ！」と言って、言いながら足で椅子や机を蹴ったり、たたいたりするようなら・・・ストレスが問題行動になっている状態です。「しつけのストレスが問題行動に・・・」というように、親の言葉が問題行動の原因の場合もあるでしょう。

でも、幼児段階の子どもでしたら、男児でもやはり2か月間のスキンシップや「やさしさ」で治ってきます。母親は、「十分抱っこしたり頭なでたりしてます！」と言われますが・・・特に下の子がいる場合などは「もっと」です。もう少しです。毎日3回抱き寄せているなら、明日から5回にしてみましょう。雪解けのように乱暴はなくなります。

でも、初めの2週間たっても全く変わらないようでしたら、初めから分析しなおして計画を立てましょう。

4 おねしょ・夜尿症

排泄のしつけで述べたように、トイレット・トレーニングがスムーズに進めば2か月後には夜のおむつも外れます。おねしょは睡眠時膀胱に尿がたまってても目が覚めないまま排尿してしまうことです。熟睡する子はおねしょしやすく、男児におねしょが多いのはこのためです。

対応は、決して叱らないこと、夕食に塩からい食品を避けること、寝る前の水分を控えめにすることなどです。ただ、欲しがるときに禁止することはよくありません。おねしょの仕組みは上記のようですが、この対応でストレスが多くなるとそれがまたおねしょの原因になります。したがって、おねしょした時、からかったり叱ったり辱めたりしないことが重要です。水分制限も「おねしょするから飲んじゃダメ」などはよくありません。小学生になってもしばらくある子もあります。始末が大変でしょうが優しく工夫してください。

「夜尿症」は小学校高学年以上になってもある場合には、いわゆる治療も必要です。相談されるとよいでしょう。

5 かみつき

「かみつき」も始まりはストレス（特に言葉が出る前は、表現が伝わりにくいのでストレスがたまりやすい）です。今より少しスキンシップを多くしてあげると効果があります。しかし習慣化してしまいますので、ご家庭では、噛みついた後しばらく「それはだめよ」という思いが伝わるような雰囲気でいてください。決して噛むマネなどしないでください。そして30分後に（噛んだから抱っこしてもらえないと思っている時間を空けて)抱っこして「ママは(パパは) ○○ちゃんが大好きだよ」と言ってあげてください。

噛みつきはご家庭より保育所のほうが深刻です。流行しますと子どもたちは大変不安な環境で生活することになりますので、保育所では早期・慎重に処遇計画を立てています。特に1~2歳児はお約束などの理解のできない中でいきなり噛みつかれるのですから、子どもにとっては大変なストレス環境への不安も高まります。保育所と連絡を密にして早期の解消をするとよいでしょう。

自分の子どもが噛みつかれると、親御さんも心配と納得がいかないために、「親のしつけが悪いのだから、謝ってほしいので、連絡先を教えてください」と言われ、お教えできないことに納得できない方もおられます。しかし、親のしつけが悪いのではなく、まだ、そのような状態の幼児だからこそ保育所に委託する必要があるのです。そのために保育士がいて防いでいくのが役割ですから、親の責任を問う性格のものではありません。そのような方針を取っている園が多いと思います。園内で起こったことは保育所の責任とご理解ください。

6 悪い言葉を使う

子どもが急に悪い言葉を使いますと、保護者は不安になるようです。言葉は、生まれてからそれまでに耳にした言葉しか使いません。正しい言葉を聞いたことがなければ、使うことはできません。

保育所では、特に4、5歳児の設定保育の時間には「きちんと聞く」ためにも保育士もエプロンをはずして、「ですます調」で温かく話を進めます。その経験で子どもは正しい言葉遣いを聞く体験をします。子どもの言語環境が良ければ、子どもが時々悪いと思う言葉を使っても全く心配はありません。必ずよい言葉をマスターしていきます。

言葉には「流行語」のようなちょっと楽しい言葉があります。それらをちょっと使ってみることは決して悪いことではないのです。友達の中で使いあって楽しい雰囲気になる場合もあります。人間関係がスムーズになります。全く使わせないことの弊害やストレスのほうが他の問題を引き起こします。

子どもは「親や周りの大人」をモデルにして成長します。時々意識して正しい言葉、きれいな言葉、優しい言葉に触れる機会を持たせてあげましょう。

第3節　発達支援の必要な子どもの場合

親は必死で子どもを育てます。ちょっとでもちょっとでも早く、いい姿で成長してほしい！ですから「発達に少し懸念がある」「不安があるかもしれない」と思った時の驚きと戸惑いと苦しみは相当深いものがあるようです。

もちろん理解できます。でも「子どもの生涯の幸せ」が親の願いだとすると、「どの子もその子なりに自分を生かして、幸せな人生を歩んでいけば」いいのです。親に不幸感があると子どもはあまり幸せを感じられません。

「みんなちがって　みんないい」という言葉を聞くと、そうだそう だ・・・と優しい気持ちになります。でも、オリンピックは優勝、優勝と、すべてのスポーツは記録だけが評価の対象です。そして、美人コンテストなど・・・外形の美しさが評価もされ好感も持たれます。もし、全員が目が見えなければ美人評価はなくなり、白人と黒人の差別的な雰囲気もないでしょう・・・目が見えることによる哀しい状況です。

科目試験では、ともかく点数が1点でも多いと評価され、様々な機会に恵まれます。進化論を信じてそれにあこがれて、「優秀」を評価したくなるのです。

ですから・・・人間愛だけでは解決できない問題があります。

でも、人間はみな個性があります。「少し苦手なこと」を多く持っていても個性として受け止めて、子どもをかわいい、大事、大好き、よい子・・・で抱きしめる限りでは子どもは幸せです。子どもを亡くした親から見れば「いいじゃないの　生きているだけで命があるだけで・・・」と思うものです。

1 発達支援児

平成24年「児童福祉法」一部改正において「児童発達支援」が整備されました。従来の知的障害児・身体障害児などで区分できにくい状態の児童が、自閉症・アスペルガー症候群・ADHD・・・など、様々な障害名が出てきました。それらを含めて「発達支援児」と総称して法改正が行われました。

知的障害児施設は児童発達支援センターの中に含まれました。正確には、児童発達支援センターは医療型と福祉型に区分され、発達支援児の受託をするとともに、「保育所等訪問支援」と「障害児相談支援」を併設することが定められています。それらの併設がない場は「発達支援事業所」です。

これらの施設では、5日すべて通所する児童と、保育所や幼稚園と並行利用し週1日は発達支援センターに通園し週4~5日は保育所・幼稚園に通園、という2つのパターンで発達支援が行われてます。

2 発達支援児かどうかの認定

認定の多くは、2歳児の段階で行われます。親は、自分の子どもの状況が何となくわかりますので、保育所の保育の中で検査の必要性を勧めたりします。

その時、「検査を受けて、もし発達支援児だったらどうしよう・・・」と、烙印を押されることへの拒否的感情で、検査への勧めを受け入れられないことがあります。

また、障害児へ発行される「手帳」申請にしても同様です。手帳の支給を受けると「本当に障害があることを認められてしまう」という思いや「手帳をもっている」ことで偏見的見方をされてしまうのでは・・・という思いから、「幼児期には支給を受けたくない」という親もおられますが、子どものためには何が良いかというと、その子の状態をありのまま受け入れ、「発達に障害がある子ども」のために国が用意している様々な制度を、「子どものために」利用することが賢明です。

❸「障害」を持つということ

「障害」という響きを多くの人はどのように受け止めているでしょうか・・・。「障害」のあるなしは、ただ多数決で決まります。多くの人と異なる状況は「障害」ととらえられ、ある意味で「不幸」ととらえられてしまうのです。

だから、親はわが子が「障害を持っている」ことに不安を持ちます。羊水検査で障害があったときに「生まない選択」ができるだろうか・・・と考えます。

多くの人と異なるだけではなく、生活に不便があるではないか・・・と言われるかもしれません。私たちの日常用具は「売れれば」価格が安くなり、「売れなければ」高くなります。左利き用のはさみと右利き用のはさみでは、圧倒的に右利きが売れるので左利き用は高くなります。価格が高いので生活は不便です。

ドアノブも右利きの人用についているのです・・・。多数でないので不便で高い・・・ですから不幸・不便な感じがするのかもしれません。

障害者をめぐる環境を客観的にとらえ、不便のないようにしていこうと歩み始めたのが、1890年代からの国際障害者年です。

ここでの障害者とは、例えば、目が悪い（機能障害）⬇視力不足で運転ができない（能力低下）。⬇運転のできない人は採用試験に受からない（社会的不利益）⬇タクシーの運転手になれない。そこで、補装具を使います。つまり眼鏡やコンタクトレンズ・・・それで、めでたく運転免許証を得てタクシー運転手になれる。

このように、医学の発達や理学療法の発達により・・・また眼鏡などの補装具によって、社会的不利益は受けずに生活ができます。

もともと健常者といわれる人々も様々な補装具を使っています。野菜を切るときは「包丁」という補装具を使います。歩行ができない人は、車いすという補装具を使いますが、健常者も、すべて「自分の足を使って二足歩行で目的地まで行くのではありません。電車・車というある意味の補装具を使って目的地まで行くのです・・・。

国際障害者年は考えました。それなら、どうすれば障害を持っていても不便なく健常者（多数者）と同じように生活ができるかと・・・そしてできてきたのが、4つのバリアフリーです。

●バリア（障害、壁、不便）

●フリー（その壁を、ふり払う、取り除く）

です。それがバリアフリーであり、その後のユニバーサル・デザインです。

障害者の周りにあって、障害者に不便な生活を強いているものへのバリアフリー。

①　物理的バリアフリー：エレベーター、道路の点字ブロック、高さの低い切符販売機、高さの低い電話ボックス、交差点の音楽信号・・・など

②　制度的バリアフリー：昭和56年からの就学猶予の廃止（すべて幼児期終了で小学校通学可能）就職先も配慮ができる

③　情報的バリアフリー：視覚障害者のための点字・録音による読書、聴覚障害者のための手話・TVなどの字幕

④　意識的バリアフリー：偏見を持たない、障害も個性

多くのクローバーは三つ葉でも、四つ葉のクローバーは喜ばれます。それは、誰が名付けたのか四葉のクローバーが「幸せのシンボル」だからなのです。障害者は四つ葉のクローバーなのです。そして・・・小学校には支援学級があります。特別支援学校もあります。放課後児童クラブもあります。障害年金もあります・・・。

「みんなちがって　みんないい」（金子みすゞ）がいいですね。

第三章　子どもを保育する児童福祉施設

この章は、児童福祉施設の保育士・教員・子育てサポーターの方々に、好ましい在り方をお伝えする章です。預ける側と預かる側は車の両輪のようなものなので、保護者の方にも、預ける先の状況を知っていただくとよいかと思います。保護者の方々の立場では、保育の場の事情や課題をご理解いただき、職場の立場の方々は、ご自身の場での課題を振り返り、改善していく必要がある場合は工夫をしていただければ幸いです。

第１節　子どもにとっての保護者と児童福祉施設などの立場とは

今までも所々で述べましたが、子どもはママやパパが大好き、そして、保育所や幼稚園の先生、サポーターの先生も、大好きです。子どもが育つ側面からは、それでいいのです。でも、社会的には、保護者と有償で子どもを預かって保育する立場では大きく違います。そのことはよく承知して業務していかないと、「親切がマイナス」になったり「適切な援助ではなく、余計なおせっかい」だったりします。

よく注意して、「子どもが大事・・・かわいい・・・一生懸命しよう」だけではなく、「どこまでしていいのか」など、よく考えておきましょう。

特に、長いこと保育から離れていた保育士や初めてサポーターになって預かる人は、「善意」が逆効果になるとつらいので気を付けるとよいと思います。

第2節　子どもが生きていく時代

寿命が長くなるのは人類の夢です。大正3年には、女性の平均寿命は43歳、子ども6人、下の子が小学校3年生の頃に母親は寿命を終えました。それからわずか100年、現在の女性の平均寿命はすでに90歳近くになりました。そして今日、乳幼児の寿命は100年と言われ始めました。うれしいことですが、いろいろな課題もあります。

私たちが考えなくてはならないことは、現在、保育している子は2065年には40～50代になっているということです。自分の子どもは自立し、孫のいる人もいるかもしれません。そして、社会ではまさに組織の中心になって、社会を動かしていることでしょう。想像できませんね・・・。でも、私たちはそのことを踏まえて育てなければなりません。

この子どもたちが大人になるころ、社会はどうなっているでしょう。様々な仕組みや生活用品も進歩していると思います。テレビが家庭で見られるようになったのは、昭和30年代、パソコンや携帯は・・・20年前です。これからは人工知能（AI）の時代です。

保育者は「保育士」を目指して歩んできました。しかし、保育者が今育てている子どもたちの中で「保育士」になっていく子どもは多くないはずです。想像できない社会で生活し活躍する子どもたちの価値観やルールは、どのように育てていけばよいのでしょうか・・・保育者の課題です。そのようなことも考えてみてください。

また、併せて考えて保育しなければならないことは、子どもたちは将来、様々な職業に就くということです。スポーツ選手、研究者、会社員、政治家、芸能人、宇宙飛行士・・・保育者になる子は少ないのです。

「保育者」は「保育士」になりたいと思い、そう努力してきました。感性がそうだったのです。価値観も志向もそれに基づいた発想や言動をしてきたことでしょう。このことは大きな課題を抱えています。自分にとってびっくりするような子どもの発想をどうとらえ、どう言葉かけしていけばよいか・・・。

「時代が違う、資質が違う」・・・私たち保育者・教育者・援助者は自分の個性を大切にしながら、保育者として教育者として援助者としての専門的視点を持つ努力が必要です。そのような意味でのいろいろな話し合いの「ケース研究会」も一つの方法です。

第3節　すべての対人援助の基礎に

他者に「自分の伝えたいことを伝えて理解してもらう」のは大変難しいことです。「内容の理解」もさることながら、「感情の受け止め」が邪魔することが多いのです。

誰でも「他者から何か注意される」ことは何らかの抵抗があるものです。「関係に合理性がある場合」（①国と法律〈代行者警察〉、②職場の上司との関係〈その職場の方針に沿って働くことを誓約している〉、③学校の教師と生徒〈その教科を学びたいという姿勢で向かい合う〉、④親と子は成人まで親権あり、など）や、「信頼して好意の持てる人」しか、すんなりと心に落とし込むことはできないのです。

その点幼児は、抵抗が少ない場合が多いのです。大人なら到底耐えられないほどの多さで注意されても大丈夫です。でも、時々立ち止まって考えてみてください。一人一人の子どもたちは、1日何回注意されているでしょう。いくら子どもでも、多すぎるとストレスにはなります。

皆さん（児童福祉施設従事者やサポーター職の方）が、保護者の方に「これをわかっていただきたい」と思うこと、それを「面接」という形や「立ち話」でお伝えする経験が今までに何度もあったことでしょう。その中で、保護者の方々に心から納得して実行していただけ、効果があった体験はどのくらいあるでしょうか？

多くの親は、自分の子どもを担当してくださっている保育者を信頼しています。ありがたいと思っています。ですから、自分の子どものこともできるだけ多く聞きたいとは思っています。ですが、このようなケースが良くないのです。

① 日本に居住している人は、日本国憲法だけは守らなければなりません。逆に憲法を守れば他は「自由」です。もちろん、保育所などに所属していればそこの規則は守らなければなりませんが・・・。

保育所は子どもをよくしようと思うあまり、保護者の生活に問題があるように思い、つい余計なことを言ってしまいます。「お母さん、お忙しすぎるのではないの？　あやねちゃん、さみしいのかもね・・・」これは非常に無責任なアドバイスです。根拠がないからです。忙しい仕事を選んでいるのは、親の仕方なさと自由です。

保護者の生活の仕方に関しては、よほど根拠がしっかりしている場合以外は、「余計なお世話」で適切な援助ではありません。保護者との距離が近くなり、自分が年上である程度の経験ができるとつい・・・ですからよく気を付けてください。

②

同様に、「先生、うちの子最近どうですか?」と聞かれることが多いです。保護者のアンケートには「子どものことをよく教えてくれて感謝してます」というご意見も多くみられます。それでも、いいことでないと親は憂鬱です。そして、子どもに当たることもあります。

例えば、「最近落ち着きがないようですね・・・何かあったのでしょうか」などと伝えた場合、保護者は「そうですか、気を付けてみます。よろしくお願いします」とは言いますが、このような根拠や場面が明確でない表現はあまりよくないのです。保護者なりに原因を探しますが、結局、「先生が、落ち着きないってよ、どうしてなの!」と子どもを怒ってしまうことが多いのです。

どのような場面で、どんな動きをしているかを報告し、「落ち着きがない」などと、結論を出さないことが重要です。そして、保護者が再度「どうしたらいいでしょうか?」と聞いてこられるような余韻を残すことが重要です。そして、子どものこういう状態は、家庭と家庭外に半分ずつの原因があるのです。

もっともよくないのは「上から目線で批判的なことを言う場合」で、保護者の内心は反発が多いです。自分の発言は保護者の表情や言動を見て「どのように保護者の心に入ったか」をよく観察することが重要です。

面接の場合は事前設定ができていますから、少ない時間が有効に使えて結果が出るような配慮が必要です。面接前に、相手の良いところをよく考えて、面接中もその視点をもってそれを前面に出しながら面接を進めることが効果的です。そして、「良いところ」が見い出せたら、いいタイミングで表現しましょう。もちろん、私たちが心の底から感動していることを伝えるのです。すると、なんと！　一瞬場の雰囲気も変わり、相手も嬉しそうな表情をされて、場が明るくなります。「相手の良いところを見つけ出す力」、これこそが対人援助には最も重要な資質であり技術なのです。それは「技術」だけではダメなことはお判りでしょう。「人の良いところを見つける」ためには、自分の心がきれいに澄んでいることが重要です。

中学1年生の「人権講演会」で、次のようなことを伝えたことがあります。

「今日一日、どなたのどんな良いところが、どの友達のどんな良いところが見えたのでしょう」「そしてそれを上手に表現できたでしょうか」そんなふうに振り返ってみてください。

生徒からの反応は多く「自分もそうしていきたい」との感想文を多くいただきました。その中には「僕はつい人の悪いところばかり見ちゃうので、今度はいいところを見るようにします」というのもありました。人は、時々・・・このような振り返りも大切です。

第4節　乳幼児に大切な給食

乳幼児の「成長」は素晴らしいですね。体重3キロで生まれた子が、1年で9キロ（3倍）に・・・。身長は1・5倍になるのですから・・・その後も6歳までは大きく成長します。内面の変化も大きいですが、この体の成長は、すべて「食べ物」が「口に入る」事でしか可能性がないのです。

保育所の給食は1日の食事量の3分の1ですが、非常に重要な役割を果たしています。一般家庭では、バランスの良いカロリー計算した食事をすることは、なかなかできないからです。園でも全職員が協力して「完食」を目指して努力していくことが重要です。

いくつかのポイントを示したいと思いますので、それぞれの役割の中でしっかり職責を果たしてください。

❶ 食事をおいしく食べられる条件

完食への要素は、次の5点です。

①空腹、②好物、③見た目、④味、⑤雰囲気

① 空　腹

●子どもによって朝食を摂る時間にはそれぞれ差がありますが、園の給食は12時です。残食が多い場合や「いただきます」をしてすぐおいしそうに食べない場合などは、自宅の朝食時間を7時までにはしていただくようにします。

●日中活動を十分に行う。特に10分、15分でも静的活動から動的活動への促しをする。

② 好　物

偏食は、生後1年間の摂取食品数によるところが大きいのです。生後5～6か月くらいからミルク以外の離乳食が始まるので、乳児の食品摂取期間は約6～7か月間ということになります。

世界的な調査によると、最も少ない場合で7品目、最も多い場合で約140品目という研究結果があります。

この品目調査は、例えば豚肉の場合は、ひき肉で1品目、ひき肉以外で1品目と捉え、大豆食品の場合は、豆腐で1品目、納豆で1品目といったように捉えます。（1年間の接種品目調査は、園と保育所で120品目まで記入できる表を作成して、家庭と保育所で共通に記入し合って、まだ摂取していない品目を摂取できるようにするとよい ⬇ 今後の園の課題）120品目くらい食べた経験があると、偏食は非常に少なくなります。

また、少し嫌いでも「空腹時」はおいしく感じるので、嫌いなものを最初に食べるように促すことが好ましいやり方です。そして何より、保育者が「おいしそうに食べる」ことが重要です。大人でも隣で友人が「おいしい！」と食べていると、食べてみたくなります。

③ 見た目

視覚に障害がない場合は、「見た目」は何についても重要です。「きれいな色どり」が「おいしそう」の原点です。もちろん、おいしいと感じた食品に似た色どりの場合もそういえます。給食は、この点も大変重要で、「おいしそうに盛り付ける」ことも大切です。食器も、非常に大きな意味があります。余裕があれば少しずつ買いそろえていくとよいと思います。

④ 味

乳幼児には「うすあじ」が奨励されます。しかし、薄味にした結果、食べないのでは、本末転倒です。残食が多いときは、必ずこの点の振り返りが必要です。完食こそが意味があるので、残菜の質と量は重要な検証の物質です。しっかり計測して、何が残るのかを保育室も調理室も確認していきましょう。腕によりをかけて「味付け」に努力してください。

⑤ 雰囲気

私たちがおいしくたくさん食べられるとき、反対にどうしても食事がのどを通らないときのことを思い浮かべてください。悩みや苦しみ、面白くないことがあると、食欲は減退します。（疾病前後は論外です）

●その子どもの今日の状態

もちろん、疾病前は食欲はありません。

●朝からの活動での友達関係や先生に叱られたことなどが大きく影響します。（朝、親が喧嘩したといったことなどもマイナスになりますが・・・）楽しい今日であることが大切です。

●食事時間の環境

・今、よい気分であること。（テーブルフラワーは5歳児くらいには有効ですが、低年齢はあまり関係ありません）
・音楽は、よい影響があります。活用しましょう。
・保育士の声と内容➡自分を叱る声、友達に注意する声が嫌！
・3歳未満の幼児は、食事のマナーはほとんど必要ありません。食欲をなくさせてマナーができても無意味です。

・人間は、何歳でマナーが身に付いているとよいでしょうか・・・。小学校入学時期くらいに、大体できていればいいのです。できるような発達の時期になれば、やる気があればすぐできます。

・マナーを身に付けさせたければ、「保育士が、いい姿勢で席を離れずに食べること」、「上手に食器を使って食べること」が大切です。保育士が「立ったり座ったり」してはダメです。そのために保育室では必ず「食事モデリング当番」を作ります。当番者は他者に遠慮せず、ずっと座って「おいしそうに」食べるのです。私たちが知人と食事をしても、相手がしょっちゅう席を立ったり、電話したりしていたら、おいしくないですね。同じです。

❷ 食　育

平成20年の保育所保育指針改定から、特に「食育」が重要な項目になってきました。4～6歳児は、学齢ではなく実年齢も心にとめましょう。

① 食事と健康、健康と人生について、食品と体についての図を貼ったり、食品に関する絵本を見たり、栄養士による話を聞いたり・・・様々な側面から子どもに納得させる機会を持ちましょう。

② 子どもが「これ食べたから　きっと強くなれる！」と意識できることも重要です。

③ 調理人が給食場面を訪問することも有意義です。ただし、部屋に入って「みんな　おい

しい？」と聞いたときに子どもが「まずい！」と言った場合でも、驚いたり落ち込んだりしてはいけません。また保育士も、「そんなこと言ってはダメ！」と調理の人に遠慮や気遣いをしてはいけません。

なぜなら、「表現」は思ったことを言うことが良いとされており、「まずい」と思ったのに「おいしい」と言わせることは、好ましくないからです。調理の人は、「まずかったの、ごめんなさいね、今度はもっとおいしく作るね」と言ってください。自分たちは給与を得て食事を作る仕事をしているのですから・・・。一般社会なら「まずいレストラン」はつぶれていくのですから・・・。

そして保育士は、「おいしくなかったのね、残念だったわね。でも給食の先生方は朝早くから一生懸命作ってくださったのだから、〝ありがとう〟は言おうね」と教えましょう。

「まずい」と言ってはいけないのは、エチケット上です。味評価は正直でいいのです。人間の味覚は7歳で最も敏感になるといわれます。4～5歳児も敏感で、大人よりずっと味覚が優れているのです。その理解も重要です。そして、味覚の優れた子どもが将来優秀なコックになるかもしれないのです。

保育所では、栄養士が立てた献立を、調理人がおいしく調理して、保育士が完食目指して工夫します。給食会議は真剣な場です。来月は、子どもたちがもっとおいしく、もっと完食できるように、そして健康な体を作れるように、健康な体に、健全な意欲満々な内面の発達が訪れるように・・・。チーム一丸となって、子どもたちがおいしく完食してよい発達ができるようにしていきましょう。

おかわりは、特別な児童の特別な事情の時だけです。記録を書くくらいのレベルで・・・と考えましょう。

第5節　異年齢保育についての正しい理解・実践

❶「異年齢保育」の保育界導入の経緯

もともと異年齢保育は、純粋に児童の発達の側面だけから提案されてきたのではありません。多分に職員管理の面からも必要性があって、「子どものためにもいいことだね」という後付けで広まったのです。

保育所は児童福祉施設です。そして長時間の受託です。受託時間のすべてを「年齢別保育」をすることは不可能です。そんな中で、異年齢保育が提案され、その響きの良さも含め普及しました。でも、響きと園内の事情で多くを異年齢にしすぎてしまい、子どもの発達の面からみると異年齢保育より年齢別保育のほうが好ましい場合もあります。よく結果を吟味してください。

社会福祉法人は税１００％運営の準公的機関です。学校法人も公的援助があります。そこで入園を考える方々に広報した内容には重い責任があります。

❷　異年齢保育の実践

①　合計特殊出生率も下がり、きょうだいの数も減少し、きょうだい関係や近所の子どもたちとの遊びも少なくなりました。また、公園や路地、道路などでの子どもたちの遊びも

交通事故、誘拐などの危険もあり、遊べなくなりました。

②したがって、自宅では親子関係が主になりました。それにより、発達の点から失われることも多いのは確かです。子どもの発達には、愛着形成が完了した後はできるだけ多くの人に接触をして社会性を学ぶことが大切です。また、自分より幼い子を見て、手伝ってあげたり、自分より年長の子を見て憧れたり・・・を学んだりします。

③もう一つ、異年齢保育が保育形態として出てきた要因に「保育者の手数の問題」もありました。子どもたちの担当は、年齢別で決められています。設定保育は、同じ程度の子どもでなければ、理解できない・楽しくないなどがありますが、自由に園庭で遊ぶ時などは、年齢別でなくても保育が可能、また、それも保育上のプラスがある、ということで異年齢保育が取り入れられました。

④そして昭和50年以降、異年齢保育形態が大変評価され、園舎全体がフリースペースで異年齢保育が主軸であるよう設計された園もあります。これには、根拠ある子どもの発達の確認が重要です。

⑤しかし、幼児期は自分がしたいこと、できることを精いっぱい重ねることが大切です。その中で、自分より幼い子ができないことがあったら手を差し伸べる。そういう優しさも重要ですが、それは限られた時間でよいのです。

幼子のすることはつまらなく、同年齢での生活がおもしろいし発達の源です。設定保育と異年齢保育、その結果の子どもの育ちを確認して園の保育を進めてください。

第6節　安全育児・保育の後遺症

様々な事故があり、幼な子が命を落とすことが多くなりました。本当に痛ましいことです。さっきまでニコニコ元気で飛び回っていた子どもが、目を閉じ呼吸をしなくなったとき・・・親はもう自分を保てなくなってしまうほどの衝撃で、「それからの一生」は悲しみから逃れることができにくくなり、忘れることはできず、涙を流し、自分を責める日々になります。そのようなことは、決してないようにしたいものです。

「保育所」というところは「安全な場」であることが第一です。

保育士は「危険な場」を見つけて、危険のない環境を作ります。これも保育士の役割の一つです。けれども全く危なくない環境で保育するなら、保育士の資格がなくても誰でも保育ができます。保育の専門職である人たちには、もう一つの重要な役割があります。それは「一般の社会の場でも年齢相応に自分で自分の安全を守り抜く力」を養成することです。

安全な場だけでの生活は「安全保育の後遺症」を伴います。安全に配慮した環境で「見ない」「確かめない」「ただ、行きたいところに行く」「ただ、したいことをする」という生活を送り続けることにより自分自身で身を守る力が育たず、結果的に事故に遭いやすくなってしまうことがあるのです。一般の社会に準じた環境で、一つ一つ自分と環境の関係を見極めて行動することのできる子どもに育てる・・・それが本当の専門職の保育士です。

一歩園舎を出れば、そこは危険がいっぱいです。もちろん子どもが一人で外で行動することはほとんどないのですが、一瞬のすきに子どもは保護者から離れ、事故に遭うこともしばしばです。

おおむね3歳を過ぎたころから少しずつ発達に合わせて「自分で身を守る」ことのできる力をつけていかなければなりません。それを適切に行うのが、「養護と教育」のプロである保育士です。例えば以前、丸い柱の園舎がはやった頃がありました。柱のそばで走り回っても、取っ組み合いをしても、相撲を取っても危なくないようにです。しかし本当は、「柱のそばでそのようなことをするときは気を付ける」という力をつける事こそが大事なのです。そのため、丸い柱は作らなくなりました。活動プログラムの中で「角のそばでの相撲などは気を付ける」「角から離れて相撲は取る」ということを教えていく必要があるのです。その意味で四角い柱は貴重な教材です。

なぜなら社会の中には「角環境」はたくさんあるからです。その教材を使って子どもたちに安全能力を身につけさせていくのです。それを適宜うまく行っていこうと保育所の保育士は一生懸命取り組んでいます。

そして、その教育は一度でも失敗は許されないのです。教育の中で「ケガ」をさせてはならないからです。まず、角のそばで取っ組み合いをしない、してしまったら、どのように気を付けるか・・・をしっかり教えることが重要です。そのことによって、角のある場を意識して行動することができるようになり、ケガも少なくなります。

また、例えば園庭では（さすがに園庭に釘などが落ちていることはありませんが）、自分の歩く場所を「下を見て」確かめて歩くことを教えていくことが重要です。

散歩などの場合でも、下を確認しながら歩けば「犬のふん」を踏むことも「釘」を踏むことも「石」につまずくことも少なくなります。しかし、下を確認せず歩く習慣がつくと様々なものを踏んで転ぶ場合もあります。

保護者の方々にも、環境の安全性を確かめると同時に、時間のある時には「安全保育の後遺症」を子どもたちに与えてしまわないように上手に危険から身を守ることのできる能力を育てていただければと思います。

「危ないからダメ」ではなく、「どのように危ないのか」「どうすれば危なくないか」をしっかり教える時間を取ってください。「自分の身は自分で守る」、その力を幼児の可能な範囲で、少しでも多く身につけさせてあげてください。

怖がらずなんでも挑戦して、でも「危険」の頃合いをきちんと想定し、避ける避け方を身に付けて生涯を過ごすと、命を落としたり大けがをしてしまうことも少なくなります。「お家で、両親で話し合う」「同じ年齢の子どもを抱えている他の保護者と話し合う」などの情報交換で、大事なお子さんを守ってください。

第7節　保護者が参観する「適切な活動プログラム」

この課題は非常に重要な要素をいくつか含んでいます。「間接保育としての記録」と並行して、保育所の今後の大きな課題です。

1 「心を変える」「思いを変える」「考え方を変える」ことの困難さ

10年に一度の保育所保育指針改定は、平成元年から行われています。しかも大きな変更が連続していています。その歴史を各自整理した上で、平成30年度改定をしっかり理解し、実践の変更をしてください。

現在の検討課題は、下記の2点です。

①　保育所保育指針に沿った『保護者が参観する「適切な活動プログラム」』

②　『間接保育としての「記録」の整え方』

❷ 保護者参観の活動プログラムの組み方

1 子どもへの意味

①　子どもに「発達を疎外する」ほどの無理をさせないで、「親が見に来るから　頑張ろう」を体験させる

②　プログラムへの参加体験

2 保護者参観のねらい

①　家庭の場以外でのわが子の発達の姿を見る

②　他児の様子を見る

③　園の方針　保育士の保育技術を知る

④　保護者に「楽しいひと時」をプレゼントする

3 プログラムに向けて

①　**保育士の準備**

●予行演習の初回には、職員は本番同様の状態で行い、子どもに本番を想定しやすくする。
●子どもに「演じさせる」わけで、そのモデリングとして保育士の「演じ」の完成品を体験させながら指導する。

② **子どもへの説明**

●「ママ・パパが楽しみに見に来るから　頑張ってみよう」と、無理させない程度に「がんばり」を教えるのは幼児期の重要な保育の一つ。「頑張ること」は人生を通じて常に重要なことであり、「頑張り」の評価をされていく。10の姿でも「頑張った場合は評価する」とある。
●様々な工夫をして一人一人の子どもの理解を得ながら進める。(「想像して行う」ことは不可能な年齢)
●例えば、立ち位置などは個別に○などの紙を用意しておく。

③ **保護者へ**

●参観日は、保護者が休暇を取って見えるのです。子どもの発達を疎外しないで「楽しいひと時を過ごせた」という実感を持ってもらうために「子どもに無理させない」ことが大切。
●子どもに無理させずに効果を上げるために「職員が、精いっぱいの演技・保育技術」を行う。
・ナレーションやセリフを工夫する。十分な練習を行う。

・舞台の楽しさは、服装にもあります（服装と演技は相関関係あり）。各自で検討して工夫します（黒子ではない）。

・「ねらい」と「構成」を理解していただけるように、プログラム内容の説明に工夫する。

●舞台設定関係

・子どもの衣装は「縫物ボランティアさん」（社協の生きがい事業団に依頼するとすぐ来ていただけます）を募り作成する。縫物ボランティアは、余裕を持って依頼し、守秘義務と「孤独作業」のバランスで、作業場や仲間を配慮する。

・小道具などは、保育士が考え、作業は保育士養成校の学生に依頼（交通費のかからない範囲）してもよい。

●雰囲気に合ったBGMは、「場を盛り上げる手のかからない道具」であり、重要です。よく考えてください。

●プログラムの席替えアナウンスは、プラカードを用い、敬語の使い方に注意する。

第8節　おもちゃ持参登園の効果

❶　家のおもちゃ持参の効用

①　子どもたちは、家にたくさんのおもちゃを持っています。でも、保育園児は、そのおもちゃで遊ぶ時間がとても少ないのです。朝は早く家を出て、心残りでもおもちゃで遊びたい心を抑えて登園します。夕方は、帰ったらお風呂・食事・歯磨き・寝ましょう・・・「遊

びたい」「遊べない」・・・心はどういうことになるでしょう。それは大きなストレスでしょう。

② もし、「保育園におもちゃを2つ持ってきていいよ」としたら・・・。朝、子どもは「今日は　何のおもちゃを持っていって　まりちゃんと遊ぼうかな・・・」と考えます。そして効果的な2つを選びます。そこで子どもたちは、主体的・自発的な遊びの計画を立てることになるのです。「自分の一日のある時間を自分でデザインする」のです。素晴らしいことではないですか？

③ そして、いろいろなイメージを描いて園に持ってきます。得意な気持ちです。何しろ「自分のおもちゃ」ですから・・・。でもそこで、友達が必ず寄ってきて「貸して」といいます。園共同のものより「貸してあげたくない」時もあります。

そこで、子どもの心の葛藤が始まります。自分も友達のおもちゃで遊びたいからです。「貸したくないけど　自分だって　お友達のおもちゃを貸してほしいし　どうしよう・・・」

これは子どもの発達にとって大きな教材ですね。素晴らしい教材です。お家の中で眠らせておくのはもったいないような教材です。

そのやり取りの中では「争い」もあるでしょう。それが面倒だと感じるなら、それは「管理保育重視」だからです。幼児に最も大事な人間関係トレーニング、しかも「自分の大事なおもちゃを貸す勇気」でも・・・、「これ貸してあげて　あの子のおもちゃを借りよう・・・」と、子どもは考えます。

④ 保育士のほうにもメリットはあるのです。「子どもたちが、家でどんなおもちゃで遊んでいるのか」を知ることができます。園では用意しないようなおもちゃもあります。

⑤ 特に、適応保育（保育園に慣れるため、入園2週間位の保育）の3歳未満の幼児には「家とこの場とのつながりのあるもの」が一緒だということは安心です。適応保育の時に「お家の、お母さんの匂いや自分の匂いのするものを持ってきてください」として保育を開始すると、特に乳児の適応期間の泣き方は大きく違います。そうですね、私たちも想像ができますね。私たちも「家」に帰るとホッとします。

保育園に入園した子どもは、見知らぬ場所・建物に連れてこられ、見知らぬ人々の間に置かれて、しかも、「大好きなお母さん・・・いっちゃった・・・」この不安、どうでしょう。子どもたちは、本当にどうすることもできない中、ただただ我慢して耐えているのです。そんな時でも、私たちができることは、「お家にある見慣れたもの、ママの匂いのするものを持ってきていいよ」と言ってあげることなのです。

2 子どもの発達にはよいことばかり

「お家からおもちゃを持ってくる」という保育案の実現には、必要なことがあります。

① 保護者ははじめ戸惑います。でも、必ずその良さは理解し納得してくださり、効果にも喜びます。

② 持ってくるおもちゃは、２つまで。壊れてもいいもの・・・。

③「昨日、パパと公園に行って拾ってきた、松ぼっくり」でもいいのです。このようなものを子どもたちが持ってくるようになるのは簡単です。3歳以上の幼児は、保育の中で「持ってきたもの紹介」をして、高いおもちゃでないこのようなものを保育士が評価するのです。

④保護者の中には「小学校に行ったら持って行ってはいけないので、その癖をつけたい」と言う方がいますが、何しろ幼児と小学生では発達が違います。また、幼児期には幼児期に必要なことをさせることで、「良い小学生」になることを伝えます。

⑤実施1年目は保護者も半信半疑ですが、2年目以降は、その良さを実感してくださいます。大丈夫！

⑥他児が持って行ったり壊したり・・・その時の子どもの心の整理の仕方・畳み方も学びます。このような発達に有効で大切な「環境」を用意してあげることも保育士の役割です。

⑦楽しくて、学びが多くて、人間関係の基礎を身に付けられる。この試みにみんなで一丸となって取り組んでみましょう。ぜひ！

第9節　保育所保育指針、幼稚園教育要領、幼保連携型認定こども園教育・保育要領の変更への対応

先に述べたように、乳幼児保育の在り方は、国が指針を示すようになり、監査などでそれに沿って実施されているかどうか確認もされるようになりました。そして、新しくなるたびに、各施設

では、速やかに多くの研修に出席して学んでいます。しかし、どうしても抜けない「先入観」の上に重ねるので、歪みますし、すぐまた元に戻るのです。「保育所保育指針」や「幼稚園教育要領」がきちんと整備され、国から「指示」された形で発信されたのは平成元年です。

各保育士養成所では、それぞれの科目内容を精査して講義が行われています。平成2年に元年改正を学んで保育士になられた保育士さんが、現在、主任の地位におられることが多いと思われます。10年改定、20年改定、30年改定で学んだ人は、現場に入って戸惑います。でも、新人は上司に従わなければならないのです。

改定には大きく「雰囲気」も含みます。また、現実の保育現場では「判断」を含みます。この判断をするときに前の指針の姿勢から脱皮してないと、歪みにもなり、却って筋の通らない場合もあります。それらを含み、改定で学んだ学生が現場に違和感がないように、新しい職員・実習生などの頭や心の中をよく見て、「自身の思い込み」を検討していただきたいと思います。それだけ思い込みが強いのはある意味では「養成校で非常にきちんと学ばれた」ということであり、それは評価したいと思います。

現場判断と保育実践が、現在の指針や教育要領にきちんと沿うようにするために、あらゆる検討や耳の傾けを心からお願いします。

第四章　よい保護者・すばらしい人生

第1節　育児と保育

❶ 育　児

育児とは、主に保護者が家庭で乳幼児期の子どもを育てることです。

育児の方針も、「育ってほしい親の願い」のとおり育ててよく、虐待以外は親の権利（親権）として認められています。自分の考えで、家族親族の特徴で・・・どんな性格（命名など）の子に育ってほしいか・・・どんな職業（スポーツ選手、ピアニスト・・・）についてほしいか・・・それにより早期教育（子役から俳優へ）も・・・そこには、生涯を通じて影響を受けあう、大変重要な関係があります。

❷ 保　育

保育とは、保護者以外の人がある時間子どもを預かって育てることです。

保育者には、①国が定めた幼児の養育・教育を行う（保育所保育指針、幼稚園教育要領、幼保連携型認定こども園教育・保育要領に従う）、②そのために資格又は研修を受講する、③どんなにその子のことを大事に思っても、ある期限で保育者ではなくなる（生涯の責任をとりにくい）、④自分の思いではなく、客観的に認められた保育に親の思いを重ねて保育する、という立場があります。

第2節　楽しくて楽でいい発達の子育てのための保護者とは

なぜ「子育ては大変？」なのでしょうか。

これまでもお示ししましたが、なんといっても「子育て予行演習なし」の「本番子育て」を、しかも、核家族で迎えるからです。少し前までは、祖父母、おじ（叔父、伯父）おば（叔母、伯母）、きょうだい・・・など複合家族（子育て手伝い者が多い）やご近所の手伝いがありました。

❶　核家族化

日本国憲法の「民法内での家族に関する規定」の変化、①家系の解消（平成19年には戸籍の長男長女記載もなし「子」）、②嫁⬇妻⬇女性⬇人間、のように権利が保障された、③同居によるトラブルより別居によるいい関係、により核家族が多く生まれるようになりました。

❷　家族支援の外部化体制

- 「育児の外部化」（3歳までは母親が育てるという「3歳児神話」も根拠のないこととなりました）の結果、保育所希望者が増え、「家庭も、仕事も、子育ても」の時代へと変化してきました。
- 「介護の外部化」により、「親を施設に預けるなんて！　親の世話を他人に任せるなんて！」という「家の恥」から「それも一つの方法」という考える人が増えました。その原因として、「頑張っても・・・結局、家族内殺傷事件へ・・・」、「子の就労、親の介護保険などの利用・・・」が進んだことがあります。
- そのような中、「いい母親」を目指す女性の中でここに重点を置き、それが自身を追い詰め⬇イライラ⬇不安定⬇不適切育児・・・へと繋がるケースも出てきました。

❸「手作り評価」の減少

「親の手づくりこそ、子どもに大事」と考えられていた時代から、外食産業・電化製品普及により、「適当に」ができる時代となりました。戦後は経済的に自作以外できない生活でした。けれど、「母の手づくり」は子どもの年齢と状況によります。

●まず、0~3歳児にとって「お母さんが作ったのよ」は、発達にプラスでしょうか・・・。いいえ、手作りの時間、抱っこしてもらったほうが嬉しいのです。抱っこしてあげたほうが発達にプラスなのです。

●時々ほんの時々、「ママが作ったのよ」が嬉しいときもあります。でもそのためにママが忙しくなってイライラしたのでは・・・。

●本当に喜ぶのは、4歳~7歳くらいまでの女児でしょうか・・・。

このこともアバウトに考えられるように、親も社会も・・・なっていくことが必要です。

第3節　育児困難の状況と対応

どの親も、自分の子どもの幸せな人生を願い、そのために「よいと思われる育児」に力を注ぎ努力しています。でも、思うような子育てができないことによって「虐待で子どもの命を喪う」ことは最も残念で痛ましいことです。でもこのことは、今日も明日も・・・起こる可能性があり得ることです。統計を見れば一目瞭然です。なんとしてもそれは防ぎたいことです。

わが子を喪う・・・これは、想像しただけでもつらいですが・・・実際に喪うともっともっとつらく悲しいことです。

心を尽くして育てていても悔いも残りますし、自分を責め不運を嘆きますが「自分の虐待で命を喪った場合」日がたつにつれてますます自分を責め、亡くなった命をいとおしみ・・・併せて家族関係の崩壊なども招きます。

昔は「シンデレラ姫」など「継母」の象徴的な表現でした。しかし、現在は異なります。「憎くいじわるしよう」として虐待をするのではなく、「一生懸命⬇間違った育児⬇親が心のコントロールを失う⬇4つの虐待へ・・・」なのです。それぞれ原因もあり、ストップの時期も方法もあります。社会全体で、全力で考え対応したいと思います。

❶ 親になるとき

母親になる女性の大半は、学校生活、きちんとした職業人を経て母親になります。学校や職場では、「きちんと」が求められますが、子育ては、「きちんと」と「アバウト」が求められるのです。「きちんと」の部分としては、乳児期はすべてに細かくきちんと観察し清潔の保持など必要なことを行う必要があります。「アバウト」の部分としては、子どもが動き始めて自分の意思で行動するようになると「アバウト」が必要になります。

上着がズボンから出ていても、いちいち中に入れると子どもによっては煩わしいのです。こぼした食べ物を食べてもいいのです。鼻汁が出ているとき、鼻をかむこともいいのですが、子どもは嫌な・めんどくさそうな表情をします。袖でふいてもいいのです。この種は、几帳面な女性にとってはとても気になるようです。子どもの生活は「だいたい」でいいのです。4歳以上の女児にはそれらが煩わしくなくなりますが、4歳未満の女児や、まして、男児は10歳くらいまでは、「きちんと」は煩わしく、ほっておいてもマイナスにはなりません。

乳幼児の母親になること、また、65歳以上の高齢者になって他者の介護を受けるようになる可能性のある人は「几帳面からアバウトに」「きちんとから大体へ」の神経を持つようにギアチェンジをすることが重要なのです。

2 不要なイライラの子育てに陥りやすいこと

例えば「片付け」や、「早すぎる食事のしつけ」（結果食欲を失い、少食になって、成長を阻む）と同じように几帳面な「片付け」しつけにもマイナスがあります。子どもは「片付けいやだから遊ばないもん」と、大事な遊びが面倒になるのです。

何歳児でどの程度の片付けができないといけないのか、大人になって困るのか・・・全くないのです。保護者が家の中が散らかっているとイライラしてしまうのです。

遊びと片付け、どっちが大事か・・・幼児の段階では「遊び」が重要なことは言うまでもありません。ただ、「片付ける」ということが必要ということは、「片付けという言葉を聞いたことがある」という程度には教えておくことは必要です。

① 子どもに「片付いている」ということはこういう部屋をいう、というモデリングの実感

を与えます。保育室でも、保育士の持ち物のところが相当乱れていて、子どもに「片付け」を強く言う保育者もいますが、子どもが「先生のところも、片付いてないじゃん」と言わない年齢だから幸いなのです。

②

「遊んだら片付ける」を幼児に教える程度は、「遊んだから、おもちゃ3つ片付けようね」と言って、3つくらい片付けさせる。あとは親や保育者が片付ける。子どもが親を手伝おうとしてもっと片付けたら、十分に褒める。児童福祉施設としても「子どもの遊んだ後を片付ける」は、保育者の業務内容でもあります。

ただ、本当にしつけの一環として「遊んだら片付ける」を意識として教えることは大事です。子どもが嫌がっても全部片付けさせるは、保育としても好ましくないばかりか、自分の業務内容のはき違えです。

③

「片付けなさい」といった時の子どもの心の中をよく見て教えます。3歳なら1個、4歳なら3個・・・そして、親や保育者が一生懸命片付けている様子を見ている子どもは、5歳児になったら半分位または全部片付ける、幼い子と一緒に遊んだならその子の分も片付ける・・・ようになるのです。

遊びを犠牲にして「片付け」させたら、発達にとってはマイナスなのです。

第4節　親の気持ちが不安定になる要因

不安定になる要因には、貧困、産後うつ、自身や家族の疾病、夫婦関係（子育てへの考え方・

不倫）、家族関係、職場関係、親族関係、友人関係、などがあります。

子どもも親も健康で子育てをしていても、今まで見てきたように「感情」があって、いろいろ岐路に立つこともあります。さらに、上記のような事柄を抱えているとさらに子育ては大変で、子どもの発達にも課題を残します。

原則として「困難」を抱えた場合は、早いうちに様々な社会制度を利用し、困難を取り除くことが重要です。「自分で、家族で・・・」と思い込んでいる人は、もう少ないとは思いますが・・・なかなか言えない、ということはあるかもしれませんが、何事も「早期発見、早期治療」です。

❶ 貧　困

貧困には、絶対的貧困（生命維持不可能➡生活保護へ）と相対的貧困（他者との比較で精神的な影響）があります。

現在は、シングル家庭の６割が、複数の子どもを抱えて貧困状態（年収１７０万円以下）にあります。貧困は、子どもたちが友達との比較ができるようになると「買えない」ことが子どもの「つまらなさ」「不満」になり、学習意欲を失う場合もあります。

少し視点を変えてこの点だけをお話しさせていただきます。よく母親が言う言葉として、「幼児の持ち物などを、同じもので指定してほしい。なぜなら、ほかのお友達のものを欲しがって困る」というものがあります。でも、「他のお友達が持っているけれど自分は持っていない」という状況こそが大事な教材なのです。

子どもが「○○ちゃんも持ってるから買って」というとき、子どもにとって適切なものでも、経済的理由で購入できない場合は、「お家にはそれを買うお金がないのよ。我慢してね」と、その理由をきちんと伝えます。

例えば、「あやねちゃんのお家はあやねちゃんのパパとママ。みよちゃんのお家はみよちゃんのパパとママ。みんな違って、持っているお金も違うんだよ。お友達が持っていてもお家で買えないものもあるんだよ」と教えていく。

そして、「あやねちゃんの持っているもので、お友達が持っていないものもあるよ」と、それぞれの家庭が違うことを教え、違うことを受け止め、心の中で不満やストレスにならないようにしていくことが重要です。

「あやねちゃんができないことで、みよちゃんができることもあるよね。仕方ないよね・・・同じじゃないよね」と、親が自分の言葉で教えていくことが大事なのです。そして、説得するために「○○ちゃんはこの間○○買ったでしょう」など付け加えることも大事なことです。

そして、子どもが理解してくれたら「ありがとう。偉いね。おかあさんうれしい！」と言ってぎゅっと抱きしめてあげてください。

その時「誰が悪い」と言わないことが大切です。他罰的傾向の性格にしないことです。「それは仕方のないこと」「自分の環境の一部」としてきちんと受け止めることが重要なのです。

金子みすゞさんが「みんなちがって　みんないい」と詩に書きました。また、「世界に一つだけの花」という歌もあります。そうです。みんな違うのです。

2 産後うつ

「産後うつ」が児童虐待の原因になることが言われ始めたのは、平成19年、様々な対策をしてもなお、原因のよくわからない「虐待」があると感じた乳幼児心理学会が「産後うつ」で「子どもがかわいくない症候群」にかかる母親がいることを見つけました。

妊産婦の多くは「マタニティブルー」の状態になりやすいことはよく知られています。これは数か月で解消されますが、産後うつは「子どもがかわいくない症候群」として長く続くのです。母親は子どもがかわいいから、3時間おきの授乳にも耐えられ、細やかな配慮が必要な離乳食、そして発熱・下痢などの病気にも耐えられます。しかし、「かわいい」と思えなかったとしたら、実際育児が不可能になります。また、この時期に母親の自殺もあります。

この状態確認のために、平成19年「こんにちは赤ちゃん運動」が始まり、保健師と担当地区の児童委員が産後4か月から家庭訪問をして、産後うつ状態の母親を見つけて適切なフォローをするようになりました。発見した場合は児童虐待にならないように、また、母親の苦悩を解消するために、様々な取り組みが始まるのです。

ご自身も、周りの人も、気付いたら保健所への相談をしていきましょう。

3 両親の課題

育児の予行演習なしに女性が妊娠中の様々な自身の変化に耐え、そして陣痛の痛みに耐えて出産する。これは、女性にとって大変な体験です。そして、1週間経って待望の我が子を腕に抱いて帰宅をする嬉しさや幸せもつかの間、「育児作業」のような「手探り」で「わからない」不安の日々が始まります。

夫の手伝いがない・・・それも、なかなか苦しいのですが、しかし、現実には課題が多いようです。最も大変な時期は乳児期の1年間、その後も3歳までは非常に大変です。夫のＤＶでなければ、それも哀しいことですが、夫と喧嘩して責めるより、「母子家庭だ」と思って育児を行うことをお勧めします。現に母子家庭で育てているママは大勢います。期待して喧嘩するより、その間はそのように覚悟してしのいでいくことが重要です。その後、しっかりと夫婦喧嘩でも責めるでもされるといいでしょう。そのくらい乳児期の育児は大変です。

育児を学び、育児に一生懸命なママであればある程几帳面なのです。乳児期はある程度それが育児に重要ですが、その後はある程度アバウトでもいいのです。

例えば、パパが子どもに靴下を履かせている時、多くのママはパパの履かせ方に注文を出しています。そのような場面の中でその時のパパの表情を見ると「じゃあ 自分でやればいいじゃないか」という状態です。当然です。ここは、もう少しパパの協力を否定しないで受け止めると良いと思います。

幼児期は生活のルールをしつけとして身に付ける時代です。まず最初に、覚えようとしているときに2種のやり方があると戸惑うでしょう。パパとママが違うしつけをすることは最も好ましくありません。

一般的に最もよく言われる例は、パパは「食事は黙って食べなさい」と言い、ママは「みんなで楽しくお話して食べましょう」と言う、などです・・・。育児講座に熱心にご出席いただく方は主にはママですが、最後に「今日お話ししましたこと、皆さんはうなずいて納得していただいているようでうれしく思います。ご自宅に帰って、もし、パパの違うやり方にお気づきになった場合、パパを説得できるならそのほうが良いでしょう。でも、説得できずに、『僕は今まで通りするよ』という場合は、最適な方法ではないにしても、より大事なのは、父母が同じ方法のしつけをして子どもを混乱させないことなので、パパの通りに合わせるしか仕方ありません。」とお話します。本当に子どものことを思えば「一つの方法」にすることです。

やがて、子どもは親のしつけの違いも受け入れられるようになります。

第5節　父親の育児休業・イクメンパパ

子どもは、父親と母親の子どもです。二人が責任をもって子どもが将来ともに幸せに過ごせるように体内に宿ったときから協力していくのは当然です。

日本は「男は仕事、女は育児・家事」のような時期が長く、「母親に『三食昼寝付き』を保障している父親は、仕事をして給与を生活費として母親に渡していることで育児協力をしている」とされてきました。しかし、男女共同参画社会以降、女性も男性も「仕事も、家庭も、子育ても」の時代になりました。当然ですし、好ましいことです。この傾向は徐々に広がり、一定の定着を見ています。父親の育児参加を積極的に推奨するもので、結果、よい子どもが育ち、子どもの幸せを保障するということです。そのために・・・ということで「イクメンパパ」という言葉も生まれ、そして父親の育児休業もその取得者が多くなりました。いいことです。

しかし、乳児期及び年少幼児期の子どもは、「ママが好き」なのです。保育園に両親で迎えに来た時、子どもの目はママに向き、子どもの手と体はママに向かって伸びています。動物の世界同様です。このことは、男女の平等とは別に真摯に受け止め、求められるママが良い育児ができるように、支え手としてパパが存在することをお勧めします。

ママがミルクを飲ませ、ママが抱っこして、パパが食器を洗い掃除をする・・・それを原則に育児をすることが良い発達の道を歩く両親の役割です。育児休暇を取得して乳児のそばにいたパパは、子どもの育つ姿を見て、自分自身のためにも役立っているか・・・そう感じます。すばらしいことです。職場では体験できない「人間が生きて育つプロセス」を体感できるのです。パパは、つまらないような気がするでしょうか・・・。

育児講座に最近はパパの参加が多くなりました。うれしいことです。

そして「一生懸命ママと同じように子育てしているのに、自分にちっともなついてくれないんです・・・」というようなご質問を多くされます。

「そうなんですね・・・2歳になったらパパ、パパと寄ってきますので、それまでは子どもが『ママにしてほしい』と思っていることはママにしてもらって、パパは直接育児ではなく間接育児をして、ママが『優しい優しいママ』でいられるようにしてあげてください」とお答えしています。

ある時、そのパパが見えて、「先生のおっしゃる通り、2歳になったら僕のところにも来てくれるようになりました。それをご報告したくて来ました」と、うれしそうに話していました。

「育ててもらう子どもの願い」に耳を傾けず「男女平等」だけからイクメンパパをしてもダメなのです。育児は、もっと強い本能的な子どもの自然な願いが基本だからです。

パパが、ママに心配をかけない生活をすることは、何より「優しいママを子どもにプレゼント」することになるのです。それが2歳までの子どもには一番ありがたいことなのです。少し前は、産前産後の妻はあまり妻としての役割を果たせないので、夫はどうしても外で遊ぶことが多くなり、またそれを認める社会の風潮もありました。

でも、それではママが「優しい、にこやかなママ」として子どもに接することができないのです。そのマイナスを防ぐためにも、パパがママのそばに優しくいてくださるのが「乳児・年少幼児」には何よりなのです。

第6節　幼児の発達に必要な素材やおもちゃ

幼児期は、今見たもの、今触ったもの、などで「学び」を広げていきます。人間は「五感」（視覚・聴覚・触覚・味覚・嗅覚）でしか外界との接触はできないのです。五感で感じたことが発達の大きな要素になります。

ここでは、その一つとして「子どもの玩具」「子どもの教材」について考えてみたいと思います。様々な形、色、手触り、模様、デザイン・・・その素晴らしさを示しているのが、物品を購入した時に包んである包装紙や入れてある箱です。なぜなら、売り手は「できるだけ素敵に見せて購買意欲をそそろう」と工夫しているからです。デザインなどは特に工夫が凝らされています。

これらのものを、処分する前に子どもへの玩具として1回利用してみてはいかがでしょうか。これらは、破いても壊してもいい「自由」なおもちゃであり、教材です。特に生後4か月児くらいから5歳児くらいまでは、これらの教材は発達に大変有効です。

どうでしょうか。色々なものが思い浮かばれると思います。例えば、箱は大きな箱、小さな箱、細長い箱など、様々な形状・多彩な色のものがあり、また、その箱の中には品物を安定させたりきれいに見せるための様々な色や形の紙が入っています。

また布は「さらさら」「ふんわり」「ざらざら」など様々な手触りと多彩な色があります。布地としての洋服も良いですね。洋服は、やがて2歳児から始まる着脱のしつけの予備知識にもとても有効です。

紙やボタンなどもとてもいい教材になります。紙はセロファン紙のようなものから段ボールなど様々ありますし、ボタンも大きさ・手触り・色など様々です。もちろんボタンは、他のものと異なり口に入れると危険ですから、そばについているか、縫い付けておくかが必要です。その意味では使っている服についているボタンは安全面からも便利です。

幼児は1歳半くらいになると、台所などに這っていき、扉を開いて様々なものを出します。出してよいものを置いて自由にさせてあげてください。興味津々です。子どもたちは、このような生活用品や、特にママが使うものには大変強い関心を持ちます。これは発達の中で大事なことです。

危なくないようにした上で、できるだけ自由に触らせて会話をしてください。3歳くらいになると、幼児は自然にしなくなります。「これは触ってはいけない」ということも、わかってきます。

生まれたときの乳児は1日に50万回以上の刺激を受けて成長するといいます。ご自宅にあるものを活用して、たくさんのいい刺激をお子さんに与えてあげてください。特に、ママの使っている鏡台のものも好みます。

第7節 「虐待」という哀しい響き

「児童虐待」・・・辛い響きです。あんなに一生懸命産んだのに、授乳もしたのに・・・夜泣きにも対応してたのに、いつの間にか「虐待への道」に迷い込んでしまって・・・そして、大事だったはずの我が子の身体や心に傷をつけて・・・そして、障害を負わせて・・・そして、大事な大事なたった一つの命を奪って・・・。

そんな気はなくても、結果的に子どもの命を奪ってしまった親は、また、命はあっても重い障害を負わせてしまった親は、その後の一生を大変な後悔と苦しみの中で過ごすことになります。どうしてそんな道に迷い込んでしまったのでしょう・・・迷い道から抜け出すにはどう歩けばいいのでしょう。

私は、大学で研究者として「児童家庭福祉論」を長く専門にしてきました。また「虐待3か月前の発見と対応」をテーマにもして、保護者の方と苦しみを共にしてきました。

どの母親もきっと、苦しいつわりを通り抜け、出産の痛みに耐えて我が子を腕に抱いたとき・・・「この子をきっと幸せに育てよう・・・」と思ったはずです。

今から80年くらい前には、子どもは大体6～9人くらいでした。上の子は、小学生になって母性本能が芽生える頃、下の子の誕生で「子守り」をします。おむつを替えたり、おんぶしたり…あやしたり・・・そして何となく、「幼児ってこんなだなあ・・・」「こんなこと気をつけるんだなあ…」と学びます。下の子は姉や兄が結婚して自分にとっての甥・姪が生まれると、「子守り」に行きました。そこで育児の予行演習ができたのです。公園や道路にも多くの子がいました。

現在は、一人っ子や、きょうだいがいても「子守り」するほどの年齢差がありません。自分の子が生まれたとき、「育児の予行演習」なしで育児が始まります。これが、現代の子育てがとてもとても大変になってしまう大きな理由のひとつなのです。

経験がないので、ちょっとしたことでも「心配でおろおろしてしまう」のです。それは苦しくて辛くて仕方がないのです。「このままこの子が死んだらどうしよう…」と思ってしまうのです。もう50年前になりますが、私は保育園長として園に住んでいました。夜中によく電話がありました。「子どもの腕が赤くなって心配…」よく聞くと蚊に刺されたのでした。また、「先生、しゃっくりが止まらなくて・・・このまま死にますか？」という電話もありました。本当に親心ってこんなもんだなあ・・・とほほえましくなりました。

2番目の理由は、ともかく多い「情報」です。そして子育てに限らず、生活が細かく厳密になりました。「だいたい」でいいことも「○○でなければならない」ことが多くなってしまったのです。しかもITの発達ですぐ情報が得られます。

確かに、身体の弱い子ども等は細心の注意が必要ですが、一般的には「ほっておく、好きなように遊ばせておく・・・」「親はなくても子は育つ」くらいの気持ちも良いのかもしれません。

でも、現在は本当に細やかな情報にあふれていて、気にしないことができなくなりました。しかし、子どもには波もあり、個性もあります。情報と我が子の状態が異なると、心配のあまりイライラして、自分の気持ちをもてあまして、つい「叱る」・・・それがいつの間にか習慣になると、「虐待3か月前状態」になってしまうのです。そのとき適切な支援者がいないと坂道を転がり落ちるようです。

子どもも大人も、人に叱られると「ストレス」になります。不快です。また、それが「八つ当たりで叱られた」場合は、何となく釈然としないもので、余計「よい子」から遠くなってしまうのです。親子で「争いの時間」になってしまい、親は大きくて力が強いのでそこで手が出てしまいます。

暴力を使って育てれば、子どもはそれを学び、「暴力を振るってもいいんだ」と思うものです。そして気に入らないと友達をぶつようになります。親は「なんて子なの！」と叱りますが、子どもは親が自分にしたようにしているだけなのです。

親には民法に決められた「親権」があって、その中に「懲戒権」がありました。つまり、「親は、しつけのためなら子どもを叱ったり褒めたりしていい、その「叱る」の中には、多少の体罰も含んでよい」とされていたのです。でも皆様もご存じのように、最近の「児童の虐待死」の多さから、「しつけのため命を奪う、そんなしつけはしつけではない」ということで、親権の内容の変更をいたしました。つまり「しつけでも体罰は禁止」になりました。また、体罰は「なぐってもよい」というしつけをしてしまいます。

親といえども感情があって、しつけで「言い聞かせる⬇叱る⬇怒る⬇体罰」の道は簡単に転がり落ちるものです。親も人間ですから・・・。

すべての親は、「決して体罰はしない」と心に誓わなければなりません。体罰でよい子は育ちません。体罰を受けた子は、痛みを避けるためその場では言うことを聞いたように見えても、心の不満からさらに悪いことをしてしまうのです。そしてまた、体罰を受けて育った子どもは、将来親になったときに自分の子にも同じように暴力を振るうようになり、体罰の連鎖は続いていくのです。体罰ではしつけはできません。

「叱らないで、よい子を育てる」これが私のモットーです。そのためには、自分が成熟するしかないのです。子どもの心と頭の中を「レントゲン写真でとるように」よく見て、そこにぴったりした言葉をはめ込んで子どもに教えるのです。してはいけない理由を・・・子どもは親が大好きで、「親の言うことを聞いてよい子になろう、大きくなろう・・・」と頑張っています。わかるように話せばわかるのです。そしてそのとおりにするのです。

子育ての時期は短く、最高に幸せな時期です。特に乳幼児期は・・・なぜなら子どもは「ママとパパが大好きで大好きで仕方ない」のですから・・・。

それでもいろいろなことがあります。「このままだと虐待に行ってしまうのではないかしら・・・」と心配になったら、ぜひ専門家にご相談ください。きっと、「回れ右」ができるように、道案内していただけることでしょう。

●山岸　道子（やまぎし　みちこ）

昭和 16 年生
日本社会事業大学社会福祉学部児童福祉学科修了
保育所園長等を経て
湘北短期大学、東京都市大学・教授を歴任
［著書等］
『保育の心理学』ななみ書房　2019（共著）
『改訂　保育者のための教育と福祉の事典』建帛社　2018（共著）
『養護原理』大学図書出版　2010（編著）
『乳児保育』北大路書房　2009（共著）
『子育て支援』大学図書出版　2007（編著）
『保育所実習』ななみ書房　2006（編著）

ほか講演多数

育児の成功 2　ななみブックレット№ 12
2021 年 7 月 1 日　第 1 版第 1 刷発行

●著　者　山岸道子
●発行者　長渡　晃
●発行所　有限会社　ななみ書房
〒 252-0317　神奈川県相模原市南区御園 1-18-57
TEL　042-740-0773
http://773books.jp
●絵・デザイン　磯部錦司・内海　亨
●印刷・製本　協友印刷株式会社

ISBN978-4-903355-96-2
Printed in Japan